GÉNÉRAL GALLIENI

MADAGASCAR

CHEMINS DE FER

ROUTES ET SENTIERS

CL. PIROU

EXTRAIT DE

L'ANNÉE COLONIALE

(1re Année)

PARIS

LIBRAIRIE CHARLES TALLANDIER

197, BOULEVARD SAINT-GERMAIN

Maison à Lille, 11-13, rue Faidherbe

Librairie CH. TALLANDIER, 197. boulevard Saint-Germain, Paris

L'ANNÉE COLONIALE

par MM. Ch. Mourey, chargé de la Statistique à l'Office Colonial
et L. Brunel, docteur en droit

Première année 1899

Un volume in-8° carré de 350 pages environ, broché......   4 francs

Il existe depuis plusieurs années une *Année politique* et une *Année scientifique et industrielle*. Plus récemment ont été fondées *l'Année philosophique*, *l'Année psychologique*, *l'Année sociologique*. Il n'existait pas jusqu'à ce jour de recueil où l'on pût trouver l'exposé complet et méthodique des événements survenus dans les colonies françaises, au cours de l'année écoulée; il n'existait pas d'ouvrage où fussent consignées, en même temps que les progrès de notre empire d'outre-mer dans l'ordre politique et économique, les étapes principales de l'idée coloniale dans notre pays. Il a semblé aux auteurs de ce livre que le moment était venu de combler une lacune souvent signalée et que le grand public, qui porte un si grand intérêt à l'expansion française, aussi bien que les travailleurs et les hommes politiques avaient vraiment le droit de regretter.

L'Année coloniale, supplément annuel de toutes les publications coloniales qu'elle tiendra constamment à jour, sera divisée en trois parties.

La première, qui comprendra quelques études originales, pour lesquelles il sera fait appel au concours de hautes personnalités du monde colonial (hommes politiques, administrateurs, professeurs, etc.), sera comme un numéro unique d'une Revue coloniale annuelle. Pour la première année, elle contiendra notamment des articles du général Gallieni, correspondant de l'Institut, gouverneur général de Madagascar et dépendances; de M. Charles Roux, ancien député délégué des ministères des Affaires Etrangères et des Colonies, à l'Exposition Universelle de 1900; de M. Georges Teissier, maître des requêtes au Conseil d'Etat, ancien chef de cabinet du Ministre des Colonies. — Cette brochure sur *Madagascar* est le tirage à part de l'article du général Gallieni, paru dans la première année de *l'Année coloniale*. Il donne une idée de la valeur des articles que cette première partie contiendra chaque année.

La seconde partie constituera l'année coloniale proprement dite. Tous les faits politiques, économiques et administratifs de l'année y seront, pour chaque colonie, relatés suivant un ordre méthodique, dans un esprit de constante impartialité et avec l'indication des documents auxquels le lecteur devra se reporter pour compléter les renseignements fournis par *l'Année coloniale*. L'extrait de la table des matières de la première année que nous donnons ci-dessous fera comprendre suffisamment les principes suivis et les règles observées pour la rédaction de cette deuxième partie. La troisième partie de *l'Année coloniale* sera consacrée à la bibliographie. On y trouvera l'indication de tous les livres et des principaux articles de périodiques publiés dans l'année sur les colonies françaises; un classement méthodique

Voir suite page 3 de la couverture.

MADAGASCAR

Général GALLIENI

MADAGASCAR

CL. PIROU

CHEMINS DE FER

ROUTES ET SENTIERS

EXTRAIT DE

L'ANNÉE COLONIALE

(1re Année 1900)

PARIS

LIBRAIRIE CHARLES TALLANDIER

197, BOULEVARD SAINT-GERMAIN

Maison à Lille, 11-13, rue Faidherbe

MADAGASCAR

CHEMINS DE FER, ROUTES ET SENTIERS

Les esprits impartiaux qui ont suivi avec attention les affaires de Madagascar durant ces dernières années ont dû reconnaître que, pendant cette période, le gouvernement de la colonie a poursuivi deux objectifs principaux : pacifier le pays et y imposer partout la suprématie française ; ensuite, mettre en valeur notre conquête, en faire une colonie dans le sens le plus complet du mot, c'est-à-dire une terre capable, par ses productions naturelles judicieusement exploitées, d'assurer à nos nationaux immigrants l'aisance et, dans certains cas, la richesse.

Les opérations militaires n'ont de raison d'être mentionnées ici que pour rappeler la nécessité impérieuse où l'on s'est trouvé au début, non seulement d'y recourir, mais encore de leur attribuer une prépondérance que justifiaient malheureusement trop les événements d'alors.

C'est ainsi que, vers la fin de 1896 et dans les premiers mois de 1897, Madagascar a pu apparaître comme un pays en état de guerre. Et en effet nous avions alors à affermir dans les régions centrales une conquête compromise et, partout ailleurs, à faire, pour la première fois, acte de souveraineté.

Ces débuts eurent leurs vicissitudes, mais les tristesses et les misères de cette époque furent, dans la limite du possible, atténuées par les instructions données aux chefs militaires pour l'accomplissement de leur mission. En principe, ils avaient l'ordre d'éviter les opérations à grand rayon, les colonnes qui appauvrissent les pays traversés ; enfin il leur était recommandé de respecter les villages, les cultures, les traditions locales. Leur méthode d'occupation devait être patiente, progressive, faite, non pas de coups d'éclat et d'actions décisives, mais d'efforts continus, ajoutant chaque jour un résultat à ceux précédemment acquis. Ils devaient aussi assurer la reconstitution économique du pays et pour cela se concilier les sympathies des populations nouvellement soumises, faire reprendre les travaux agricoles, rouvrir les marchés et les écoles, en un mot, rendre aux contrées occupées leur vie normale trop longtemps troublée par l'insurrection.

C'est ainsi que l'œuvre militaire a été, malgré la contradiction apparente des mots, une œuvre pacifique et que l'action de nos officiers et de nos soldats s'est trouvée, dès le début, comme elle l'a été depuis, intimement liée à l'action civilisatrice et à la mise en valeur du pays. Il suffit pour s'en convaincre de comparer les riches villages actuels de l'Emyrne avec les ruines incendiées et désertes que nous avons trouvées partout à notre première montée sur le plateau central.

La sécurité rétablie, la question de la colonisation passait au premier plan, avec cette entrée en matière indispensable, d'assurer avant tout le service des transports, dont le fonctionnement exerce une influence décisive sur la marche des affaires d'un pays et sur sa situation générale.

*
* *

Avant l'occupation française, il n'existait dans toute

l'étendue de Madagascar aucune route praticable, permettant les transports autrement qu'à dos d'homme.

Ce fait n'aurait eu rien d'anormal s'il s'était agi uniquement de régions habitées par des peuplades sauvages, de pur sang nègre, telles que les Sakalaves de l'ouest, les Baras et les Antandroy du sud. Mais on peut s'étonner au premier abord qu'il en ait été de même chez les Hovas, race relativement civilisée, qui possédait un gouvernement quasi régulier, une organisation administrative assez complète et s'attachait, avec un certain succès même, à démarquer les institutions des peuples civilisés.

On serait tenté d'attribuer cette absence de routes dans les pays d'influence hova à l'indifférence habituelle de la cour d'Emyrne pour tout ce qui concernait le bien-être et l'intérêt général de ses sujets. Dans l'espèce, cependant, la raison était tout autre. Cette inertie pour tout ce qui touchait aux travaux publics et principalement à la construction des routes était le résultat d'un calcul, assez adroit il faut en convenir, de la part des hommes qui dirigeaient la politique malgache.

Tous ces personnages s'évertuaient bien à imiter les Européens, à s'assimiler leurs mœurs et leurs coutumes, à copier leurs modes. C'était une satisfaction d'amour-propre, mais aussi un moyen d'augmenter leur prestige vis-à-vis des autres indigènes et de creuser davantage encore le fossé qui séparait l'aristocratie des masses profondes du peuple. D'ailleurs, le port des vêtements européens était formellement réservé aux classes privilégiées, nobles et fonctionnaires.

Mais, s'il entrait dans les vues de cette oligarchie ambitieuse et égoïste d'acquérir un vernis d'élégance et de distinction, elle entendait bien conserver pour elle seule l'avantage de cette métamorphose. Aussi répugnait-elle à l'idée que les Européens vinssent s'établir à demeure à Madagascar, y prospérer et étendre, non plus à une seule caste, mais à l'ensemble des peuples de l'île, les lumières et les bienfaits de la civilisation. Peut-être même redoutait-elle qu'instruits par ce contact les opprimés n'eussent quelque jour l'idée de demander des comptes et de secouer le joug dont ils pâtissaient.

De là, une mesure répondant bien à cet état d'esprit des gouvernants malgaches. Dans ce pays, où la nature a accumulé, comme à plaisir, les obstacles qui peuvent entraver les communications, il fut interdit de construire aucune route, aucun ouvrage d'art pouvant aplanir les difficultés du trajet, et par suite faciliter aux étrangers l'accès du royaume d'Emyrne.

*　*
*

Il est assez difficile de donner dans une description une idée très exacte de ce que sont les voyages à Madagascar et de ce qu'ils resteront dans les régions privées de voies de communication.

Sans entrer dans le détail des mille incidents de la route et des obstacles innombrables que toutes les régions de l'île offrent aux touristes, on peut affirmer que rien n'est moins confortable et moins pratique que le mode traditionnel de locomotion auquel on doit avoir recours. Il va sans dire, d'ailleurs, que cette appréciation est d'ordre général et qu'elle ne concerne, par exemple, ni le soldat, ni l'explorateur qui, par profession ou par goût, vont à la découverte, marchant de l'avant, jetant des coups de sonde dans les régions inconnues, tirant parti des ressources limitées dont ils disposent et sachant s'en contenter.

Les conditions doivent être tout autres pour le colon, pour le commerçant. Engagés dans la lutte économique où le temps est un facteur essentiel, ils ont un intérêt immédiat, un intérêt d'affaires à voyager vite, à bon marché et, si possible, dans des conditions de confortable qui leur permettent d'éviter les fatigues et de ménager leurs forces.

A ces divers points de vue, les transports par bourjanes sont d'une insuffisance et d'une incommodité notoires. Un Européen en route n'a pas le loisir de songer à ses affaires ; les soucis et les aléas du voyage suffisent à ses préoccupations. Chaque matin, avant l'aube, il faut plier bagage précipitamment, s'assurer par soi-même que rien ne reste en arrière ; ensuite, c'est le rassemblement des porteurs, source de kabarys et de discussions interminables sur l'arrimage et la répartition des charges. Sur la route, des chocs et des heurts continuels dus aux faux mouvements, ou simplement à l'allure désordonnée des porteurs ; puis la poussière du chemin, ou bien, une pluie torrentielle, dont aucun artifice ne permet de se protéger complètement en filanzane, malgré tous les perfectionnements qui ont été essayés.

Vers onze heures, on s'arrète pour le repas du matin. Les provisions sont déballées, toutes meurtries des cahots de la route. La cuisine, expédiée à la hâte, est d'assez mauvaise qualité, échauffante, et l'on s'estime heureux lorsqu'on trouve à quelque rivière voisine, une eau claire et fraîche, faisant passer le reste.

Après le repas, même précipitation pour repartir. La course du matin recommence ; les porteurs se frayent un passage dans la brousse, traversent les gués, gravissent les pentes et les descendent à toute allure, longeant quelquefois des crevasses à pic dont l'œil ose à peine sonder la profondeur. Il peut arriver même qu'au passage d'une rivière quelque porteur disparaisse, entraîné par un caïman.

Le soir on s'arrête à la nuit tombante, harassé, les reins meurtris par les trépidations du filanzane. On aspire à une nuit de repos, mais on arrive à quelque mauvais gîte — lorsqu'on en trouve un — d'où la propreté est bannie et où les insectes de toute nature vous disputent le sommeil que vous espériez goûter.

Ainsi voyageaient les Européens à Madagascar avant l'occupation française et aujourd'hui, à part l'amélioration des principales routes et la création de caravansérails relativement confortables dans les gîtes d'étapes, les autres conditions sont restées sensiblement les mêmes.

Il est vrai d'ajouter que certaines catégories de voyageurs touristes ou autres, étrangers aux affaires, peuvent trouver, dans ces voyages en plein air, les satisfactions que donnent les spectacles de la nature : des panoramas d'une imposante grandeur, des sites où l'œil se délecte dans la contemplation d'une végétation luxuriante et enfin l'éclatant soleil qui déverse sur cette terre tropicale ses chauds et et fécondants rayons.

A titre d'exemple, on peut citer le parcours, si souvent décrit, de Tamatave à Andevorante, et qui s'accomplit dans un continuel enchantement des yeux. C'est l'illusion d'un coin d'Eden que donne la profusion des arbres aux fûts puissants, aux frondaisons touffues, des lianes aux enlacements gracieux et bizarres, des fleurs aux mille nuances discrètes ou éclatantes, des orchidées aux formes délicates et imprévues.

A quelques kilomètres de Tamatave, après avoir franchi l'Ivondro, on s'enfonce sous cette voûte de feuillage pour n'en sortir qu'aux abords d'Andevorante. De temps à autre, cependant, on débouche dans quelque clairière où s'étalent, en vert tendre, de magnifiques pelouses ; de grands arbres les encadrent et, au fond, l'œil cherche en vain quelque villa élégante qui compléterait le décor.

Quelquefois le rideau de verdure s'éclaircit et s'entr'ouvre, le chemin s'infléchit et descend sur la plage où la mer déferle avec bruit, baignant de ses flots les pieds des porteurs. Et aussi, pendant tout ce trajet, des oiseaux cachés dans le feuillage offrent au voyageur un concert ininterrompu qui n'est pas l'un des moindres charmes du voyage.

Dans un autre genre, il est des panoramas qu'on ne saurait oublier lorsqu'on les a vus une fois.

Tel est celui qui apparaît des hauteurs mêmes de Tananarive.

A ses pieds, on découvre toute la basse ville avec ses constructions aux toits rouges et aux larges vérandahs, Mahamasina la place sacrée, la riche plaine de Betsimitatra qui entoure la ville d'un immense tapis de verdure et alimente en riz la plupart des localités environnantes ; au loin, vers le nord, Babay, perché sur un nid d'aigle ; Ambohidratrimo enfouie dans un bouquet d'arbres ; à l'ouest, Arivonimamo et, aux limites de l'horizon, le sombre massif de l'Ankaratra, ancien repaire de fahavalos, qui découpe sur le ciel son profil abrupt et sauvage. Vers l'est, les hauteurs d'Ambohimalaza, gros bourg, où, d'après la légende, le type des femmes andrianas (nobles) s'est conservé le plus pur ; plus près, l'observatoire en reconstruction d'Ambohidempona, le coquet village d'Andraisora sur la route de Tamatave, et enfin le fort Duchesne, qui couronne le mamelon d'Andrainarivo. C'est ce panorama, reproduit avec une saisissante exactitude par M. Tinayre, que les visiteurs de l'Exposition peuvent admirer au pavillon de Madagascar.

Enfin, si incommode que soit le mode de transport en usage à Madagascar, on ne saurait trop faire l'éloge des utiles et modestes auxiliaires qui s'y emploient, les bourjanes, race honnête, courageuse, dont le concours a été des plus précieux pour la cause française pendant la période de l'insurrection et continuera à l'être jusqu'au jour, encore assez éloigné, où un réseau complet de routes couvrira toute la surface de l'île.

Le bourjane est serviable, prévenant, gai de caractère. Par ses saillies, ses éclats de rire, qu'un rien suffit à provoquer, il se console des fatigues de son dur métier et remplit de sa belle humeur la monotonie de la route.

Quoi qu'il en soit, si le côté pittoresque des voyages à

Madagascar peut séduire les touristes à la recherche d'impressions d'art, il ne saurait suffire à ceux de nos compatriotes qui s'expatrient pour faire fructifier leurs capitaux et développer dans notre nouvelle colonie l'industrie et le commerce.

C'est à ces derniers surtout, — car ils sont le nombre, — que le gouvernement de la colonie doit songer. Et, en réalité, ils ont droit à des satisfactions positives, qui sont la facilité et la rapidité des déplacements et la perspective, après une journée consacrée aux affaires, de trouver une couchette plus moelleuse que le lit de camp de l'explorateur ou du soldat.

*
* *

Avant de relater ce qui a été fait et ce qu'on se propose de faire pour organiser des services réguliers de transport dans la colonie, rappelons très brièvement les principales conditions climatériques et géographiques dans lesquelles Madagascar se trouve placée.

La grande superficie de l'île explique qu'on y rencontre les climats les plus variés : chaleur et humidité dans l'est, climat tempéré sur le plateau central, sécheresse plus ou moins accentuée dans l'ouest et dans le sud.

Cependant, parmi les causes qui produisent ces différences, l'une des principales est peut-être la configuration orographique. L'immense soulèvement qui court du nord au sud parallèlement à la mer et, dans la partie centrale, les rides intermédiaires entre les hauts plateaux et le littoral, forment autant d'écrans qui contrarient les courants atmosphériques et tendent à influencer le régime des pluies et des saisons.

Sur le versant est, le climat est chaud et humide ; les cours d'eau, à faible parcours (à l'exception du Mangoro), coulent

dans des vallées en général assez encaissées. Le sol se prête
à la culture des plantes tropicales, de nombreuses exploitations y sont déjà en rapport, et, sur la côte, la plupart des
ports sont le siège d'un important trafic commercial.

A 150 kilomètres environ de la mer, commence le plateau
central, enserré comme dans une immense muraille par la
chaîne de l'Angavo. On connaît sa climatologie toute spé-
ciale : région saine et tempérée, saisons bien tranchées, sol
propre à certaines cultures spéciales, mais cependant
assez pauvre en éléments fertilisants pour qu'on ne puisse
songer à y acclimater sans amendements nos céréales européennes.

Au delà, dans toutes les régions de l'ouest, de larges
vallées très arrosées qui vont en s'épanouissant vers la mer.
Le régime des saisons y procède de celui de l'Emyrne, c'est-
à-dire que l'année se partage en saison sèche et saison des
pluies ; cependant, au fur et à mesure que la latitude augmente, la sécheresse s'accentue, et dans l'extrême sud les
pluies sont très peu fréquentes.

Dans toutes les régions de l'île, les parties planes d'une
grande étendue pouvant se prêter à la culture sont relativement rares. On en rencontre cependant, et on peut citer à
titre d'exemple : la vallée du Mangoro, les plaines lacustres
particulièrement fertiles qui entourent le lac Alaotra dans le
pays sihanaka, la plaine de Betsimitatra au pied même de
Tananarive, celles de la rive gauche de la Betsiboka au sud
d'Ankirihitra, celles du Milanja au nord-ouest de l'île, de la
Demoka dans la région de Maintirano, et enfin celles de la
vallée de la Tsiribihina.

Dans toutes ces contrées, le parti qu'on tire des ressources
naturelles du sol est à peu près nul actuellement. La faute
en est à l'impraticabilité des transports, et, par suite, des
échanges. Aussi faut-il proclamer que le problème des communications, résolu pour la côte est par la construction de
la route et du chemin de fer, se pose dès maintenant pour

ces régions et que, de sa solution, dépendra leur mise en valeur et leur prospérité.

Le tracé des routes devra y être choisi en tenant compte des centres indigènes actuels; mais, si les emplacements de ces localités peuvent être une indication utile, il importera d'avoir égard aussi à d'autres considérations telles que : facilité d'adduction des produits du pays, longueurs de trajet, commodité d'emploi des eaux pour l'irrigation, etc. Cette dernière partie du programme aura son importance dans toutes les régions de l'ouest et principalement dans l'extrême sud, où, pendant une très courte saison des pluies, les fleuves roulent en une course folle vers la mer et laissent le pays à sec pendant le reste de l'année.

Ces travaux de colonisation et de mise en valeur ne sont pas d'une réalisation difficile; les indigènes, intelligemment encadrés et dirigés, les exécuteront et y prendront goût lorsqu'ils en verront les résultats et les avantages. Mais une direction, étroite au début, plus large par la suite, est indispensable.

Cette sorte de tutelle qui suit la conquête n'est pas d'institution récente; les Romains la pratiquaient et la définissaient par cette périphrase expressive : *regere imperio populos*. C'est en appliquant cette maxime qu'ils se sont créé un immense empire colonial et qu'ils ont fait surgir de terre, en Gaule, en Asie, en Afrique, ces villes, ces monuments gigantesques, dont les ruines grandioses imposent encore aujourd'hui l'admiration.

Profitons de cette expérience et invitons les Malgaches à travailler pour la prospérité de notre domaine, qui est aussi le leur, à s'employer pour y construire des routes, des canaux, des chemins de fer. Et ce n'est point, — comme on l'a dit et imprimé, — obéir à des préjugés d'un autre âge que d'imposer le travail à des peuples en enfance. Ne l'ayant jamais pratiqué, ils ne peuvent en apprécier les bienfaits. C'est notre devoir et notre intérêt de les leur enseigner, d'élever ainsi peu à peu leur niveau intellectuel et moral et enfin de les rendre dignes de cette qualité d'hommes libres que leur a apportée la conquête.

* *
* *

Jetons un rapide coup d'œil sur les travaux déjà faits en matière de construction de voies de communication et sur ceux, beaucoup plus considérables, qui restent à accomplir.

S'il n'existait pas de chemins praticables à Madagascar avant l'occupation française, l'île était en revanche sillonnée d'innombrables sentiers, dont aucune déclivité, aucun escarpement n'arrêtaient le tracé. Les indigènes seuls pouvaient, par une sorte d'atavisme professionnel et grâce à un entraînement commencé dès l'enfance, aborder, chargés de fardeaux, ces itinéraires, et effectuer tant bien que mal les transports vers l'intérieur.

C'était peu que ces pistes primitives et ces moyens rudimentaires pour ravitailler au lendemain de la conquête le corps d'occupation et la colonie européenne du plateau central. Il fallut aviser et choisir entre diverses solutions qui rencontraient chacune leurs partisans.

La construction immédiate d'un chemin de fer eût résolu à coup sûr toutes les difficultés. Mais le gros inconvénient de cette solution était précisément son impossibilité d'être immédiate. Or les circonstances devenaient critiques et les chefs insurgés comptaient autant sur la famine que sur la force de leurs bandes pour venir à bout du corps d'occupation.

On opta donc pour une route, et on posa en principe qu'elle devait être construite et fournir le rendement qu'on en attendait dans le minimum de temps possible.

Ces conditions imposaient le type à adopter.

Il eût été contraire à toute logique de songer, dès l'abord, à une chaussée de France, carrossable, avec empierrement, bas-côtés, égouts et caniveaux. D'ailleurs, à cette époque, la colonie ne possédait aucun véhicule et, en dehors des bourjanes, les mulets — en assez grand nombre — étaient son unique moyen de transport.

Le bon sens indiquait d'approprier l'outil aux moyens dont on disposait pour le mettre en œuvre, c'est-à-dire — puisqu'on avait des mulets — de construire d'abord une piste muletière.

C'est à cette solution d'attente qu'on s'arrêta.

En outre, on résolut de faire vite, quitte à s'affranchir des règles de métier, dont on réservait l'application correcte pour le réseau définitif.

Cependant, toutes les fois qu'on le put sans de trop longues recherches, on encadra, en quelque sorte, dans ce tracé provisoire, des tronçons qu'on se réservait en principe d'utiliser pour la route carrossable ultérieure.

Le temps manquant pour les études, les appréciations faites à ce sujet ne furent que des pronostics : mais, en réalité, ceux-ci se vérifièrent presque toujours par la suite, résultat tout à l'honneur des officiers qui ont, en quelque sorte, deviné ces tracés et montré ainsi une remarquable intelligence du terrain .

Le sentier muletier fut établi seulement entre Mahatsara et Tananarive, soit sur 240 kilomètres. Pour le surplus du parcours, on emprunta l'Iaroka, puis la piste du littoral d'Andevorante à Tamatave, en terrain complètement horizontal et praticable en toute saison.

La route muletière, ainsi comprise, fut terminée dans le courant de 1897, ayant rendu, même avant son achèvement, les plus grands services et préservé d'une famine certaine la population européenne, militaire et civile, des régions centrales.

D'ailleurs, au moment où on y mettait la dernière main, nos troupes venaient d'en finir en Emyrne avec les résistances suprêmes de l'insurrection. La pacification était un fait accompli. Des deux côtés, sur la route comme sur le terrain des opérations, on venait de traverser une période de crise, nécessitant des mesures radicales, mais temporaires, et des deux côtés le but avait été atteint. On allait maintenant passer de la période de guerre à la période d'organisation et de mise en valeur et, en matière de communications, de la route muletière à une route carrossable définitive.

Il fut décidé qu'on ferait une œuvre solide, durable, mais cependant qu'on s'abstiendrait d'un programme trop luxueux, entraînant à des travaux chers, d'un entretien difficile et non proportionnés aux ressources de la colonie. Cette nécessité de faire bien et solide dès le début était, sur la route de l'est tout particulièrement, imposée par le climat. Avec les pluies torrentielles de cette contrée, c'eût été courir à un échec certain que de pratiquer la méthode dite des améliorations successives. Dans certains cas, on peut bien se contenter de ce minimum : rechercher rapidement un tracé, décaper le sol, livrer cette chaussée primitive à la circulation, puis réaliser la route définitive en exécutant peu à peu les travaux neufs et en réparant les dégâts causés par la circulation courante. Ce moyen peut être employé avantageusement dans les contrées où les pluies sont rares et peu abondantes, dans le sud de l'île par exemple et, à la rigueur, dans l'ouest et le nord-ouest. Sur le versant est, il doit être proscrit d'une façon absolue. Aussi s'est-on astreint à donner immédiatement à la route carrossable de Tananarive à Tamatave toute la résistance désirable et à la construire d'après des données, conformes sans doute à la théorie, mais que la pratique a aussi consacrées.

Comment s'étonner alors que l'exécution des travaux n'ait pu être terminée en une et même en deux campagnes ? Des critiques ont été formulées à cet égard. On a tiré argument, en particulier, des progrès de la route de Majunga, qui, dès 1897, ont permis de faire monter à Tananarive un convoi de voitures légères. Le fait est exact, mais il comporte quelques explications.

Sur la route de Majunga, un effort considérable, auquel on ne saurait trop rendre hommage, a été également fourni. Mais, par suite des conditions climatériques et aussi du but poursuivi, il a été orienté différemment. Cette région du nord-ouest offre des saisons alternées, et la durée des pluies y est même sensiblement moindre que celle de la période sèche. Le sol, brûlé par le soleil pendant huit mois de l'année, acquiert ainsi une résistance que les eaux entament ensuite plus difficilement.

Ceci explique que les voitures légères aient pu circuler sur la route de Majunga, après quelques travaux d'aménagement, et que, même pendant la saison des pluies, le sol, avec ses réserves de sécheresse, se soit comporté d'une façon satisfaisante. Ces conditions favorables, dues à la fois au terrain et aux travaux exécutés, ont eu les conséquences les plus heureuses pour les transports, puisqu'elles ont assuré certains d'entre eux que l'état de la route de Tamatave n'aurait pas permis d'effectuer. Mais il est à considérer que, si cette route de Majunga non empierrée est accessible aux voitures légères, elle ne saurait supporter le roulage intensif de véhicules lourdement chargés. Or c'est précisément cette circulation intensive qui sera possible d'ici quelques mois sur la route de Tamatave, lorsque le dernier tronçon actuellement en cours d'exécution sera terminé.

En réalité, la route de Majunga aura fait à celle de Tamatave une avance que celle-ci lui rendra pendant tout le temps que prendra l'empierrement de la chaussée entre Tananarive et Mévétanana, où commence la navigation fluviale. Les deux grandes artères de la colonie se seront donc complétées l'une l'autre, et, des rivalités courtoises auxquelles leur construction aura donné lieu, il restera seulement le souvenir d'une émulation profitable à l'intérêt général.

La route de Tananarive à la côte est s'arrête à Mahatsara, gros village situé sur le bord de l'Iaroka, à 20 kilomètres environ d'Andevorante. Mahatsara possède aujourd'hui une population indigène assez nombreuse, quelques installations européennes, des magasins des divers services administratifs et militaires. Ce gros bourg, dont l'importance comme point de transit augmente de jour en jour, a été entièrement construit depuis l'occupation française. Les travaux, très pénibles au début, ont été commencés à la fin de 1896. Pour tirer parti de cet emplacement, il a fallu remuer des masses de terre considérables, exécuter des remblais, combler des marécages, et cela dans un pays où les conditions climatériques naturelles étaient assez défavorables. Cette œuvre a été cependant menée à bien. Il ne serait pas exact de dire que Mahatsara est aujourd'hui un lieu de délices, mais l'insalubrité y est beaucoup moindre qu'autrefois, les fièvres y sont plus rares et les Européens qui observent des règles d'hygiène peuvent s'y maintenir en bonne santé.

Au-delà de Mahatsara, la route sera prolongée d'abord par l'Iaroka, ensuite par le canal des pangalanes, dont la compagnie concessionnaire terminera le percement — il faut l'espérer du moins — dans le courant de l'année 1900.

On sait dans quelles conditions naturelles, particulièrement avantageuses, la construction de ce canal a été entreprise.

Sur une grande partie de la côte est, et principalement entre Tamatave et Farafangana, règne une succession de lagunes qu'une dune littorale sépare de la mer et entre lesquelles s'interposent des seuils minces et de faible relief, *les pangalanes*, qui interrompent seuls la continuité.

La suppression de ces seuils réunira les différents biefs et créera une véritable voie fluviale côtière dont le développement pourra atteindre 600 kilomètres.

La partie la plus intéressante pour le moment est celle comprise entre Andevorante et Tamatave. L'entreprise y est déjà très avancée. La longueur totale des seuils à percer s'élevant à 2.500 mètres, les travaux sont à moitié environ et le percement du premier pangalane, celui de Tanifotsy, a déjà permis de livrer 60 0/0 du parcours à la navigation fluviale.

Il n'est pas à craindre, d'ailleurs, que la différence de niveau entre les biefs successifs produise des perturbations pouvant gêner la navigation. La mer, avec laquelle les lagunes communiquent plus ou moins, fera l'office de régulateur. Au surplus, l'expérience vient d'être faite, et elle est concluante. L'ouverture du pangalane de Tanifotsy a donné lieu à un courant de 3 nœuds, qui est allé en s'affaiblissant progressivement. Au bout de quinze jours, il avait à peu près disparu, et un équilibre très suffisant s'était établi entre les deux biefs voisins.

Il reste actuellement à achever le percement commencé du pangalane d'Ampantomaïzina et à percer entièrement le pangalane d'Andavakamenarana. Il faudra pratiquer aussi quelques draguages dans les lagunes et élargir sur un faible parcours le lit d'une rivière, étroite mais profonde, le Ranomainty, qui terminera le canal du côté d'Andevorante. Ces travaux achevés, la ligne d'eau sera entièrement ouverte d'Ivondro à Mahatsara, où commence la route de Tananarive.

Du côté opposé, entre Ivondro et Tamatave, qui sont distants de 12 kilomètres, une voie ferrée déjà en exploitation assure le trafic.

Tels ont été les principaux résultats des études entreprises et des projets mis à exécution depuis 1896, pour relier Tananarive, à la côte est d'une part, à la côte nord-ouest de l'autre, par des routes carrossables et des voies fluviales.

Mais là ne se sont pas bornés les travaux et d'autres

routes, venant en seconde urgence, ont été aussi construites ou amorcées. Les plus avancées sont :

La route de Tananarive à Fianarantsoa, qui est appelée à prendre une importance commerciale considérable. De la capitale du Betsileo, cette route se prolongera jusqu'à Ihosy, qui se trouve à environ 200 kilomètres au sud-ouest. En ce dernier point, elle se dédoublera en deux grands rameaux qui se dirigeront, l'un au sud-ouest vers Tulléar, l'autre au sud-est vers Fort-Dauphin ;

La route de Tananarive à Ambatondrazaka, qui continuera d'ici peu jusqu'à Mandritsara et sera poussée ensuite jusqu'à Diégo-Suarez ;

La route de l'ouest par Arivonimamo, qui reliera Tananarive à Morondava par Inanatonana et le Betsiriry ;

La route à péage dont le projet a été établi par la Société auxiliaire de colonisation à Madagascar et qui doit — si le projet est suivi d'exécution — relier Fianarantsoa à l'embouchure du Faraony sur la côte est.

Enfin il faut indiquer aussi une seconde route de Majunga, autrefois assez fréquentée par les indigènes et qui, par l'itinéraire Vohilena-Antsatrana, venait rejoindre la première à Marovoay.

*
* *

Quelle que soit l'utilité des routes et les services qu'elles doivent rendre, ce serait une utopie d'admettre qu'à notre époque et dans un pays aussi grand et présentant autant de ressources que Madagascar, elles pourront suffire à assurer au commerce un trafic rémunérateur avec les divers marchés du monde.

Laissant de côté la question de rapidité, il faut considérer surtout que, pour les gros trafics, les transports sur route resteront toujours à des tarifs plus élevés que ceux auxquels un chemin de fer peut descendre. C'est là un fait indiscutable, d'ordre économique, dont aucune combinaison, même celle souvent proposée des transports par Decauville, ne pourra atténuer la portée. Dans l'évacuation des produits d'un pays, à partir d'une certaine densité de transport, il est avantageux de faire la dépense d'une voie ferrée, de même qu'aux échelons inférieurs, à partir d'autres densités moindres, il y a intérêt à substituer la piste muletière au sentier bourjane, puis la route carrossable à la piste muletière.

D'ailleurs, ce n'est pas par une transformation successive qu'on pourra, sans changer de tracé, passer d'un système à l'autre. Les données de l'expérience, dont on ne saurait s'écarter sans aller au-devant de graves mécomptes, sont, à ce sujet, bien précises. Il est admis que le porteur indigène peut gravir des rampes de 30 0/0, qu'on ne doit pas dépasser 15 0/0 pour le mulet, qu'une route carrossable a pour pente-limite 8 0/0, et que les déclivités d'une voie ferrée ne peuvent que très exceptionnellement atteindre 3 0/0. Les mêmes considérations s'appliquent aux rayons des courbes, dont le minimum est 50 mètres pour une voie ferrée, 10 mètres pour une route carrossable et zéro pour les chemins muletiers où les courbes peuvent être remplacées par des points de rebroussement.

On peut conclure de ce qui précède que, dans un pays comme Madagascar, il y aura place pour les différents systèmes de voies de communication : chemins de fer et routes carrossables dans les parties les plus peuplées et les plus productives, chemins muletiers et sentiers de bourjanes pour les contrées dans lesquelles le mouvement commercial et industriel sera encore peu prononcé. En un mot, chaque voie de communication devra être construite d'après le tracé qui convient à l'usage auquel on la destine.

On objectera peut-être que ce raisonnement pèche par la base, puisque la création de routes et de chemins de fer sera le meilleur moyen de faire entrer dans le mouvement général les régions qui y sont encore étrangères.

L'argument n'a rien qui puisse embarrasser, car ce sera précisément l'un des devoirs du gouvernement de la colonie de déterminer, d'après la situation économique de chaque contrée, d'après les tendances que les Européens auront à s'y porter, s'il convient d'y faire la dépense d'une route carrossable ou d'un chemin de fer. Il est établi, par exemple, qu'un chemin de fer est avantageux lorsqu'on est certain de lui assurer un trafic annuel de 5.000 francs par kilomètre. S'ensuit-il qu'il faille avoir la certitude de ce rapport immédiat pour entreprendre la construction d'une voie ferrée? Evidemment non. Il suffira, suivant les circonstances, de pouvoir compter sur 3.000, 2.000 et même 1.000 francs au début pour commencer utilement les travaux. L'essentiel sera de savoir où l'on va et de tenir compte, dans les calculs, de toutes les circonstances qui peuvent influer sur le développement ultérieur de l'exploitation.

C'est d'après ces considérations, et à la suite d'enquêtes approfondies, que l'on a arrêté le programme de la construction des deux routes carrossables de Tananarive à Tamatave et à Majunga, et du chemin de fer de Tananarive à la côte orientale.

La construction des autres routes carrossables énumérées plus haut est devenue aussi, pour la plupart d'entre elles, une nécessité urgente; enfin, un peu plus tard, lorsque l'augmentation du trafic et des ressources de la colonie le permettra, le moment sera venu de doter d'un chemin de fer chacune des cinq ou six grandes régions, presque déterminées dès maintenant, dans lesquelles se concentrera le commerce de Madagascar.

A cet égard, on peut admettre que le mouvement normal des affaires dans l'île définitivement mise en valeur comportera, outre la ligne de Tamatave, des voies ferrées partant des grands centres de production de l'intérieur et se dirigeant vers les ports des régions de Majunga, Maintirano,

Morondava, Tulléar, Fort-Dauphin, Mananjary. Une ligne s'imposera aussi pour relier avec l'intérieur Diégo-Suarez le grand port militaire de la colonie.

Perpendiculairement au tracé de ces lignes, se créeront d'autres artères de pénétration, qui, semblables aux affluents d'un fleuve, amèneront à la voie principale les produits des contrées plus éloignées. Et ces chemins de fer, ces routes, résoudront non seulement la question si vitale des transports, mais encore celles non moins intéressantes du peuplement des régions traversées, de la colonisation, de l'éducation morale et pratique des indigènes, de l'assainissement.

La première des lignes ferrées régionales sera celle de Tananarive à Tamatave.

La solution à laquelle on s'est arrêté, sanctionnée aujourd'hui par le vote des Chambres, a été motivée par deux considérations principales.

On a admis tout d'abord que le terminus de l'intérieur devait être Tananarive, capitale de la province qui possède la population la plus nombreuse, la plus intelligente et la plus commerçante de Madagascar. Le choix de Tamatave comme origine a été déterminé par ce fait que, sur la côte est, ce port est le seul accessible en tout temps aux navires ; d'autre part, l'éloignement plus grand des ports de l'ouest devait, pour des raisons budgétaires, faire donner la préférence au versant oriental. Il est à remarquer, en outre, que le mouvement du port de Tamatave représente à lui seul 50 0/0 du commerce de la colonie.

D'ailleurs la décision prise n'infirme en rien les considérations qu'on a fait valoir en faveur de l'utilité des autres lignes. Elles auront leur tour dès que les finances de la colonie pourront y suffire ; enfin, d'après les études déjà faites, les premières à construire semblent devoir être celles de Tananarive à Majunga et de Fianarantsoa à la mer.

***

En principe, la main-d'œuvre étrangère devra être employée de préférence pour l'exécution des travaux publics actuellement en projet à Madagascar. L'expérience a montré cependant que les travailleurs malgaches peuvent, s'ils sont bien traités, fournir une main-d'œuvre économique et assez productive. Mais il est préférable de la réserver autant que possible pour nos colons, surtout pour les colons s'occupant d'entreprises agricoles.

A la fin de 1896 et dans les premiers mois de 1897, le service du génie avait utilisé pour les travaux de la route de Tamatave des coolies chinois recrutés à Saïgon. Cet essai n'a pas donné de bons résultats. Dans les deux convois d'Asiatiques qui se sont succédé sur les chantiers, l'état sanitaire a laissé à désirer, le rendement a été médiocre, l'esprit des travailleurs mauvais. Le contrat ne fut pas renouvelé, d'autant qu'après des pourparlers assez laborieux on avait réussi à engager des travailleurs Antaimoros, appartenant à la tribu de ce nom qui habite la province de Farafangana au sud-est de l'île.

Ces Antaimoros, robustes, laborieux et économes, sont excellents pour tous les travaux qui nécessitent une certaine vigueur physique. Ils ont rendu, à bon marché, de très réels services, et on n'aurait qu'à se féliciter de la main-d'œuvre qu'ils fournissent si leur instabilité et leur fantaisie de caractère ne créaient quelquefois des embarras à ceux qui les emploient. L'Antaimoro est capricieux, lunatique, incapable d'observer avec exactitude un contrat de travail. Il arrive souvent que, sans motif explicable, par pure boutade, tout un chantier déserte, même la veille de la paye, pour aller offrir ses services ailleurs ou rentrer au pays. Au début, ces grèves d'un genre spécial avaient gêné la marche des travaux de la route, mais, de ce côté aussi, des progrès sensibles ont été réalisés. Grâce à son contact prolongé avec le personnel européen et aux bons traitements qu'on ne lui a pas marchandés, l'Antaimoro est devenu moins volage, et il observe aujourd'hui plus fidèlement ses engagements. Qu'il fasse quelques progrès encore, et, par sa continence, sa probité, sa ténacité au travail, il méritera plus complètement encore cette appellation dont on l'a déjà gratifié : l'Auvergnat de Madagascar.

D'autres races ont fourni aussi d'importants contingents de travailleurs aux chantiers des routes de Tamatave et de Majunga. Ce sont principalement des bourjanes de la région très peuplée d'Arivonimamo, quelques Sakalaves et Antankares, et même des Betsimisarakas, dont on a commencé, depuis la création du territoire des Betsimisarakas du sud, à secouer la torpeur et la répugnance au travail. Ces différentes ressources ont permis, en 1899, d'employer 600.000 journées aux travaux de la route de Tamatave et la moitié environ à ceux de la route de Majunga.

Sur la route de Tamatave, où les conditions climatériques exigent des travaux exceptionnellement solides, les chantiers ont été organisés d'une façon très méthodique et répartis en principe en quatre groupes : chantiers de reconnaissance et de défrichement, chantiers de terrassement, chantiers d'empierrement, chantiers de réparations et d'entretien. Le chantier est une sorte d'organisation indigène complète ayant ses chefs, son administration et comprenant même quelquefois les femmes et les enfants.

Le service sanitaire est assuré par des médecins français, qui donnent des consultations, passent des visites régulières, distribuent des médicaments et veillent à ce que les règles de l'hygiène soient observées sur les travaux et dans les campements. Ils sont assistés de médecins malgaches placés sous leurs ordres, qui donnent surtout des soins aux indigènes et font l'office d'infirmiers. Depuis que ces mesures d'ensemble ont été prises, l'état sanitaire est devenu très satisfaisant ; la mortalité relativement élevée qu'on avait observée chez les travailleurs chinois est beaucoup moindre chez les travailleurs malgaches et se rapproche très sensiblement de la moyenne générale.

L'installation de certains groupes a été, en raison de la longueur et de la difficulté des travaux, l'objet d'une sollicitude toute particulière.

Rien de pittoresque par exemple comme les chantiers de la route de la Mandraka, où règnent, avec une animation extraordinaire, une discipline et un ordre parfaits. A proximité de l'un d'eux, sur un mamelon d'où l'on découvre à ses pieds une mer de verdure, se trouve le principal campement des travailleurs. C'est un véritable bourg, que les femmes et les enfants sont venus habiter et où s'est transportée toute la vie du village natal momentanément déplacé. On y voit des cantines pour les Européens, des boutiques à l'usage de tous, des autorités locales, un embryon de voirie avec des places et des rues suffisamment alignées, un marché, un parc à bœufs. Le dimanche, le travail est suspendu et, comme les salaires assez élevés ont permis à tous d'amasser un petit pécule, on voit ce jour-là les travailleurs et leurs femmes se draper dans des lambas immaculés, dont la blancheur tranche sur le vert des arbres ou sur le fond bleu du ciel.

Les Malgaches employés aux travaux publics sont donc traités avec bienveillance et humanité. D'ailleurs, ils fournissent volontiers les efforts qu'on leur demande, et même ils en tirent vanité lorsqu'ils en constatent les résultats utiles et qu'ils en profitent personnellement.

C'est ainsi que la place Jean-Laborde, à Tananarive, véritable cloaque lorsqu'elle n'était encore que la place d'Andohalo et construite par les prestataires de 1897, est devenue aujourd'hui l'endroit « fashionable » de la capitale. Les indigènes des deux sexes, tantôt habillés à l'européenne, tantôt revêtus du costume national, viennent s'y montrer les jours de concert, heureux de voir et d'être vus, mais fiers surtout de l'œuvre accomplie.

*
* *

C'est donc par l'éducation et le travail des indigènes, par le développement des voies de communication, que notre nouvelle colonie s'acheminera vers ses destinées définitives et prendra une place chaque jour plus large dans le patrimoine de la France.

La ténacité des efforts finira par vaincre les difficultés de la nature. Nos routes, nos chemins de fer escaladeront les crêtes, traverseront les marais, franchiront les rivières et les torrents. Au fur et à mesure de leurs progrès, les terrains seront mis en culture. Et ces travaux, qui feront reculer la barbarie, feront aussi, par l'assainissement du pays, reculer la fièvre, cet autre ennemi, l'un des plus dangereux que nous ayons rencontrés à Madagascar et dont la campagne de 1895 nous laisse le souvenir douloureux.

Les Européens pourront alors créer des établissements, des exploitations de toute nature et la facilité d'apport des machines, des engrais, des produits divers pour le commerce et pour l'industrie, leur assureront des frais généraux peu élevés, des rendements rémunérateurs et, par suite, une prospérité rapide et durable.

Les indigènes, soumis par nous à la salutaire loi du travail et initiés à ses féconds résultats, ne seront pas les derniers à se réjouir de l'œuvre qu'ils auront accomplie ; ils auront cet orgueil d'avoir été les artisans des progrès réalisés et s'appliqueront à en profiter largement. A cet égard, le choix actuel de leurs itinéraires est un symptôme significatif. Restés fidèles pendant quelque temps à leurs anciens sentiers, ils les ont peu à peu abandonnés et ne s'écartent plus maintenant de nos routes carrossables et de nos pistes muletières. Nul doute qu'ils ne marquent la même faveur aux moyens de locomotion nouveaux et modernes que nous créerons. Au vélodrome de Tananarive, ils se sont révélés déjà comme cyclistes amateurs ; bientôt on les verra assiéger nos diligences et nos wagons de chemins de fer ; et cela, dans un but essentiellement utilitaire, celui de gagner du temps et de conduire plus rondement leurs affaires. Nombre d'entre eux auront voitures et chevaux, et ce sera même l'occasion d'un nouveau débouché pour la métropole. Aujourd'hui que la locomotion se transforme dans toutes nos grandes villes, que le tramway électrique et l'automobile relèguent au second plan la traction animale, nombre de véhicules se trouvent démodés, quoique encore utilisables, et pourront aller achever honorablement leur carrière sur les routes de notre colonie.

Enfin ce développement du réseau des voies de communication à Madagascar a déjà eu et aura par la suite une importance politique considérable. Les idées circuleront comme les produits, et leur échange continuel, d'un bout à l'autre de l'île et de l'île à la métropole, affermira et resserrera les liens — liens consacrés par le sang de nos soldats — qui unissent la France à sa colonie australe.

GÉNÉRAL GALLIENI,
Correspondant de l'Institut.

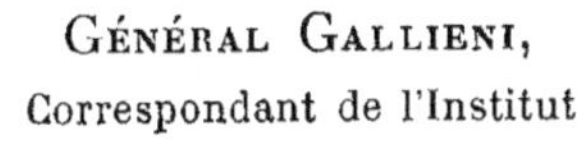

TOURS, IMPRIMERIE DESLIS FRÈRES, 6, RUE GAMBETTA.

facilitera les recherches et fera de cette bibliographie un instrument de travail commode et un répertoire des plus utiles.

Dans un appendice seront, à l'occasion, donnés *in extenso*, les textes législatifs et administratifs et les accords internationaux (lois, décrets, arrêtés, circulaires, traités), les plus importants.

Enfin quelques cartes, destinées à éclairer le texte, contribueront à faire de *l'Année coloniale* un document historique des plus intéressants.

EXTRAITS DE LA TABLE DES MATIÈRES DE LA PREMIÈRE ANNÉE
de *L'ANNÉE COLONIALE*

DEUXIÈME PARTIE

INDO-CHINE FRANÇAISE

I. — Renseignements généraux

Superficie. — Population. — Organisation administrative. — Services maritimes et fluviaux. — Télégraphes.

II. — Personnel

III. — Situation politique

Voyages du gouverneur général. — Sessions du Conseil supérieur et du conseil colonial de la Cochinchine. — Situation financière. — Administration. — Circonscriptions administratives.

IV. — Situation économique

Les récoltes en 1899 (Riz, cultures d'alimentation, poivre, etc.). — Epyzootie. — Bétail. — Essais de cultures (pavots, opium, blé, jute, aboca). — Le coton, le caoutchouc. — Etat de la colonisation européenne en 1899. — Situation industrielle. — Mines. — Statistique du commerce (importations et exportations).

V. — Principaux actes administratifs

VI. — Journaux périodiques de la colonie

LA RÉUNION

I. — Renseignements généraux

Superficie. — Population. — Organisation administrative. — Services maritimes et voies ferrées.

II. — Personnel

III. — Situation politique

Changement de gouverneur. — Modifications territoriales. — Sessions du Conseil général. — Commerce. — Travaux publics. — Chemins de fer. — Marines. — Postes. — Ranavalo.

IV. — Situation économique

Le cyclone et ses conséquences. — Les récoltes en 1899 (Sucre, Cannes, Tabacs, Cafés, Ramie). — Production nouvelle. — Cultures àCilaos. — Miel. — Station agronomique. — La peste. — Statistiques commerciales (importations et exportations). — Navigation. — Immigration. — Banque.

V. — Principaux actes administratifs

VI. — Journaux de la colonie